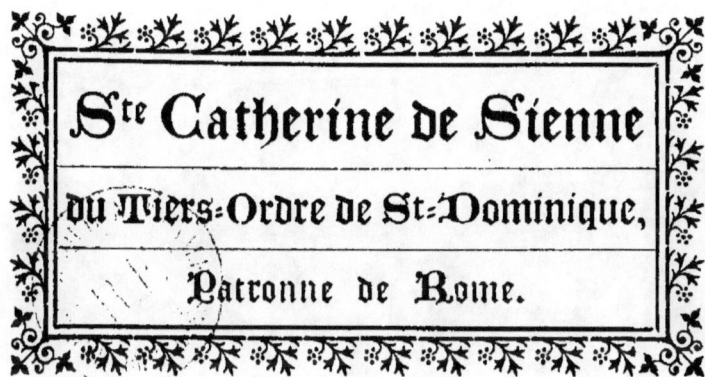

Ste Catherine de Sienne

du Tiers-Ordre de St-Dominique,

Patronne de Rome.

14e Série.

Sainte Catherine de Sienne,

Du Tiers-Ordre de St-Dominique,

Patronne de Rome.

Par le R. P. D.-A. MORTIER,

des Frères Prêcheurs.

SOCIÉTÉ SAINT-AUGUSTIN

DESCLÉE, DE BROUWER et Cie,

Imprimeurs des Facultés catholiques de Lille. — 1896.

SAINTE CATHERINE DE SIENNE.

D'après un portrait authentique peint par André Vanni,
église Saint-Dominique à Sienne.

Ste Catherine de Sienne.

I. — Enfance de Catherine.

ACQUES *Benincasa* et sa femme Lapa *Piacenti* étaient d'humbles artisans en teinturerie, jouissant d'une honnête aisance, fruit de leur labeur. Leur atelier se trouvait situé au fond d'un de ces ravins dont la tombée rapide donne à la ville de Sienne son cachet pittoresque. En haut, sur la croupe des trois collines, les palais, les églises, les monuments ; à mi-côte et au bas, les habitations du petit peuple. La maison des *Benincasa* était proche de la *Fontebranda*, célèbre fontaine abritée sous un portail élevé dont les créneaux sont ornés de fleurs et de feuillage. Au-dessus du ravin, à gauche et à droite, deux silhouettes se détachent dans le ciel bleu : le dôme de Sienne, étincelant de blancheur, et, par contraste, l'église de Saint-Dominique, sombre monument à l'aspect de forteresse. Le 24 mars 1347 naquit, chez les *Benincasa*, une enfant qui devait être la gloire de sa patrie et le rempart de l'Eglise. On lui donna le nom de Catherine. Les premiers battements de son cœur comme ses premières paroles furent pour Dieu. Elle lui appartient, et, comme une mère, il entoure son berceau de divines tendresses. Les anges veillent sur l'enfant bien-aimée : quand, toute petite, Catherine récite l'*Ave Maria* en gravissant l'escalier de la maison, ils la prennent sur leurs ailes et d'un vol rapide la portent en haut.

Un soir d'été, Catherine, qui avait six ans, revenait à la maison paternelle en compagnie de son frère Etienne, et traversait le vallon de Fontebranda. Au-dessus, en face d'elle, se dressait l'église de Saint-Dominique ; l'enfant lève les yeux et s'arrête, ravie : « Viens donc, lui crie Etienne, que fais-tu à regarder ainsi ? » — « Ah ! répond Catherine, si tu voyais ce que je vois, tu ne me troublerais pas ! » Au-dessus de l'église de Saint-Dominique, Jésus-Christ lui était apparu, revêtu d'ornements pontificaux, couronné d'une tiare ; à ses côtés se tenaient les apôtres Pierre, Paul et Jean. Et le Seigneur, souriant à l'enfant, la bénissait. Cette vision est prophétique : la bénédiction du Sauveur consacre la mission future de Catherine vis-à-vis de la Papauté !

Son âme naïve se prend alors d'un grand désir de perfection. On lui a raconté la vie des premiers solitaires, elle veut les imiter, et, un beau matin, elle part à la recherche d'un désert. Sortie des murs de la ville, elle entre dans un bois de chênes verts, et ne voyant et n'entendant personne, elle se croit arrivée dans la plus profonde solitude. A coup sûr, c'était la Thébaïde! Catherine se met en prière, mais bientôt, effrayée du silence qui l'entoure, elle se décide à rentrer à la maison paternelle. La pauvre solitaire, tout apeurée, s'égare dans le bois, et à sa prière, les anges la portent jusqu'à la Fontebranda. Elle eut ensuite une meilleure inspiration. Ne sachant qu'offrir au Maître divin, elle s'offrit elle-même en faisant vœu de virginité. Sa bonne mère Lapa, chrétienne sincère, mais peu mystique, tout en

SIENNE. — ÉGLISE DE SAINTE-CATHERINE DE SIENNE,
bâtie sur l'emplacement qu'occupait sa maison natale.

rendant grâce à DIEU des heureuses dispositions de sa fille, n'entendait pas en faire
une religieuse. Catherine était belle ; une
alliance de choix pouvait ramener dans la
famille une aisance que des malheurs suc-
cessifs avaient compromise. Sa sœur Bona-
venture fut chargée de l'initier à la coquet-
terie. L'innocente enfant se laissait faire.
On lui teignait les paupières ; on semait des
paillettes d'or sur sa chevelure blonde ; on
la revêtait d'une tunique de couleur, sur
laquelle on jetait un manteau drapé à la
romaine. Notre-Seigneur en fit des repro-
ches à Catherine. Aussi, sur le conseil du
Père Thomas *della Fonte*, homme pieux et
instruit, de l'Ordre de Saint-Dominique,
son confesseur, elle résolut d'en finir avec
le monde et coupa sa soyeuse chevelure. Le
jour même, en famille, on parla de son ma-

riage. Catherine fut inébranlable. « Si je mets la main dans tes cheveux, lui dit Lapa irritée, j'en prendrai plus de sept. » — « Prenez, lui répondit Catherine, si vous le pouvez ; » et elle laissa tomber son voile. Sa mère fut atterrée, sa famille également. Dès lors, la pauvre enfant n'eut plus un moment de repos, elle devint la servante de la maison. Préparer la nourriture, laver le linge, raccommoder les vêtements, porter au grenier les charges les plus lourdes, fut son travail de tous les jours, sans une parole amie, sans un sourire de bonté : le cœur des siens s'était fermé pour elle. On voulait vaincre sa résistance et la forcer au mariage. Ce fut elle qui, par sa douceur, sa patience, sa bonne humeur et son dévouement, força tout le monde à accepter sa volonté.

II. — La Tertiaire Dominicaine.

UN mystérieux attrait poussait Catherine vers l'Ordre de Saint-Dominique. Elle avait 15 ans. Robuste de tempérament, énergique de volonté, active à la besogne, elle aimait, dans l'Ordre des Prêcheurs, l'ardeur de la vie apostolique. Elle aurait voulu, disait-elle, être un homme pour prêcher. Dieu le lui rappellera un jour. Ne pouvant se faire *Prêcheur*, Catherine résolut de s'allier à l'Ordre pour participer à sa vie. Saint Dominique avait fondé, en dehors du cloître, une association ou *Milice de Jésus-Christ*, étroitement unie à son Ordre, dont le but était de se sanctifier dans la famille par une pratique plus sérieuse de la vertu. Cette milice était ouverte à tous, hommes et femmes, et les hommes, en plus de leurs autres obligations, devaient, au besoin, combattre les ennemis de la foi. Pas de vœux, mais des prières spéciales, des jeûnes et des abstinences supplémentaires, des réunions périodiques, sous la direction du Prieur ou de la Prieure de la Fraternité. C'était l'ombre de la vie religieuse s'étendant jusqu'au foyer domestique pour le sanctifier. La plupart des *Sœurs de la Pénitence,* comme on appelait ces Tertiaires, portaient, à cette époque, l'habit de l'Ordre dans leur famille. Catherine désirait ardemment s'en revêtir. Un jour, fortifiée par une apparition de saint Dominique, qui l'avait appelée « sa douce fille, » elle réunit sa famille et lui révèle qu'elle a fait vœu de virginité. C'était couper court à tout projet de mariage. Son père, vaincu par tous les actes de vertu dont il avait été témoin, imposa silence aux récriminations de sa femme et de ses fils et prononça ces belles paroles : « Laissez-la servir son Epoux et l'implorer pour nous ; devons-nous donc nous plaindre si, au lieu de s'allier à un homme, notre famille s'allie à Dieu ? »

Catherine avait fait un grand pas. Dès lors, plus libre dans ses aspirations vers Dieu, elle se livre à son aise aux mortifications les plus rigoureuses, couche par terre ou sur une planche dans l'étroite cellule qu'elle s'est réservée, se revêt d'un cilice et se frappe sans pitié d'une dure discipline. Lapa était au désespoir : quand elle l'entendait se flageller, elle se lamentait et la suppliait de cesser. Ce fut encore pis quand sa fille la pria de demander pour elle l'habit de Saint-Dominique. Elle n'osa refuser et se rendit à la Fraternité, espérant plaider la cause de telle façon qu'elle rapporterait un refus. En effet, la Prieure du Tiers-Ordre trouva que Catherine était trop jeune. Lapa revint triomphante. Elle eut à peine le temps de se réjouir, car Catherine fut atteinte de la petite vérole et bientôt en danger de mort : « Ma douce mère, disait la malade, si vous voulez que je guérisse, il faut que j'aie l'habit des Sœurs. » Cette fois, Lapa est vaincue ; pour sauver sa fille, elle est prête à tout ; elle court chez les Sœurs, supplie, importune à ce point que la Prieure lui dit enfin : « Si votre enfant n'est pas trop belle, nous l'accepterons. » Des Sœurs sont déléguées pour voir Catherine, dont le visage ravagé par la maladie était méconnaissable. Elle fut acceptée. Sa guérison fut rapide et un dimanche, vers la fin de l'hiver

de 1363, elle montait joyeusement à l'église de Saint-Dominique pour y recevoir l'habit de Tertiaire. Les Sœurs de la Pénitence n'eurent pas à se repentir de l'avoir accep-tée, quoique DIEU lui eût rendu sa première beauté.

Un jour, elle descendait avec une Ter-tiaire les marches de la chapelle *delle Volte*, où se réunissait la Fraternité ; un jeune homme, couvert de haillons, lui demande un vêtement. Catherine remonte dans la cha-pelle, tire une robe de dessous et l'offre à ce pauvre. « C'est bien, répond-il, mais il » me faudrait du linge. » Catherine l'em-mène chez elle et lui en donne. « J'ai un » compagnon à l'hôpital, reprend le pauvre, » donnez-moi un vêtement pour lui. » Ca-therine est embarrassée, elle a tout donné sauf la robe qu'elle porte : « Voyez, lui

» dit-elle, je n'ai plus rien. » L'inconnu se retira. La nuit suivante, elle veillait et priait, quand Notre-Seigneur lui apparut sous la figure de ce mendiant, revêtu des vêtements qu'elle lui avait donnés : « Connais-tu cette robe ? » lui dit-il. « Oui, mon DIEU, répond » l'humble fille, mais elle n'était pas si belle » quand je vous l'ai donnée ! » — « Hier, » reprit le Seigneur, tu m'as couvert quand » j'avais froid ; maintenant, je te couvrirai » d'un vêtement qui protégera ton âme et » ton corps, jusqu'à ce qu'ils soient revêtus » de l'éternelle gloire. » Et à ces mots, dans la plaie béante de son côté, N.-S. prend comme une forme de vêtement lumineux dont il couvre Catherine. C'était l'armure dont elle avait besoin pour combattre, car l'épreuve allait la saisir. DIEU permit, pour asseoir solidement son trône dans cette âme,

que l'ennemi fût déchaîné contre elle. De
toutes parts, les tentations l'assaillirent : sa
foi fut battue en brèche, ses sens se révol-
tèrent, son corps regimba contre la souffrance, il n'y avait plus de repos pour elle.
Catherine supporta si vaillamment la lutte,
s'accusant, s'humiliant sans cesse, comme si
elle était coupable des attentats les plus
criminels, que Notre-Seigneur, satisfait de
sa fidélité, lui apparut pour la consoler.
« O doux Jésus, s'écria-t-elle, où étiez-vous
» quand j'avais l'âme si affligée ? » —
« Dans ton cœur, répondit le Maître ; je ne
» quitte ma créature que lorsqu'elle se sépare
» de moi par le péché mortel. »

Une vie toute céleste commence pour
Catherine ; son humble cellule devient un
Paradis. Notre-Seigneur y venait très sou-
vent et s'entretenait avec Catherine. Parfois

les saints se joignaient au Sauveur : la
Vierge Marie, saint Dominique, saint Thomas d'Aquin, sainte Madeleine, et les colloques divins duraient longtemps, jusqu'à ce
que le Maître dit : « Ma fille, va dormir. »

C'est dans cette causerie intime, renoù-
velée tous les jours, que Catherine reçut, de
la bouche même de JÉSUS-CHRIST, la doctrine admirable de simplicité et de profon-
deur qu'elle a laissée aux âmes qui aspirent
à la perfection. Le Maître enseignait, Catherine retenait dans son esprit et reprodui-
sait dans ses actes la divine parole. Avec
un tel guide, elle monta rapidement la pente
lumineuse qui de la créature va jusqu'aux
hauteurs inaccessibles de la Divinité, mar-
chant de clarté en clarté, toujours en avant.

Un jour, pendant les fêtes du Carnaval,
Catherine, fuyant les réunions brillantes qui

avaient lieu chez les siens, s'était retirée
dans sa cellule. JÉSUS lui apparut et lui dit :
« Ma douce fille, puisque tu as fui les plai-
» sirs du monde, et mis en moi tout ton
» amour, aujourd'hui je t'épouserai. » A ces
mots, la Vierge Marie, saint Jean, saint
Paul et saint Dominique entrent dans le
pauvre réduit, inondé de lumière. La Mère
de DIEU prend la main de Catherine et la
met dans celle de son Fils : « Moi, ton
» Créateur et ton Sauveur, dit le CHRIST,
» en passant au doigt de la jeune fille un
» anneau magnifique, je t'épouse dans la
» foi. Tu vaincras le monde. Agis avec cou-
» rage, tu triompheras de tes ennemis. »
L'anneau divin resta toujours visible aux
yeux de Catherine. Epouse de JÉSUS, elle
lui gardera une fidélité inaltérable et un dévouement sans borne.

III. — Mission publique de Catherine.

E bruit des extases de l'humble fille se répandit bientôt dans la ville de Sienne. DIEU, du reste, qui la préparait à une vocation d'apôtre, ne réservait pas ses faveurs pour le secret de sa cellule, et souvent, en public, sa main la saisissait, et on la voyait s'élever dans les airs, le visage illuminé de joie, ou s'affaisser sur les dalles de l'église, fondant en larmes, comme accablée par la grâce divine. Ainsi la vit un jour le célèbre peintre André Vanni qui, ravi d'un tel spectacle, esquissa à la hâte sur les murs de la chapelle les traits béatifiés de la jeune Tertiaire. Peu à peu, attirées par l'Esprit de DIEU, les âmes venaient à elle

pour lui demander lumière, courage et consolation. Ses révélations intimes, car son
regard lisait au fond des cœurs, sa parole
pleine de douceur, et surtout l'ardeur de sa
prière, avaient raison des pécheurs les plus
endurcis, des volontés les plus rebelles...
« Seigneur, s'écriait-elle, quand elle implo-
» rait la conversion d'une âme, Seigneur,
» je ne quitterai pas votre présence tant
» qu'il ne vous plaira pas de faire ce que je
» veux ! » Ce que je veux ! ainsi parlait à
Dieu cette pauvre fille, qui ne savait ni lire,
ni écrire ; mais elle avait la grande science
de conformer en tout sa volonté à celle de
Dieu. En retour, ce qu'elle voulait, le Tout-
Puissant le voulait lui-même.

Sa famille, la première à la source de tant
de grâces, fut aussi la première à en éprouver les heureuses influences. Lapa elle-

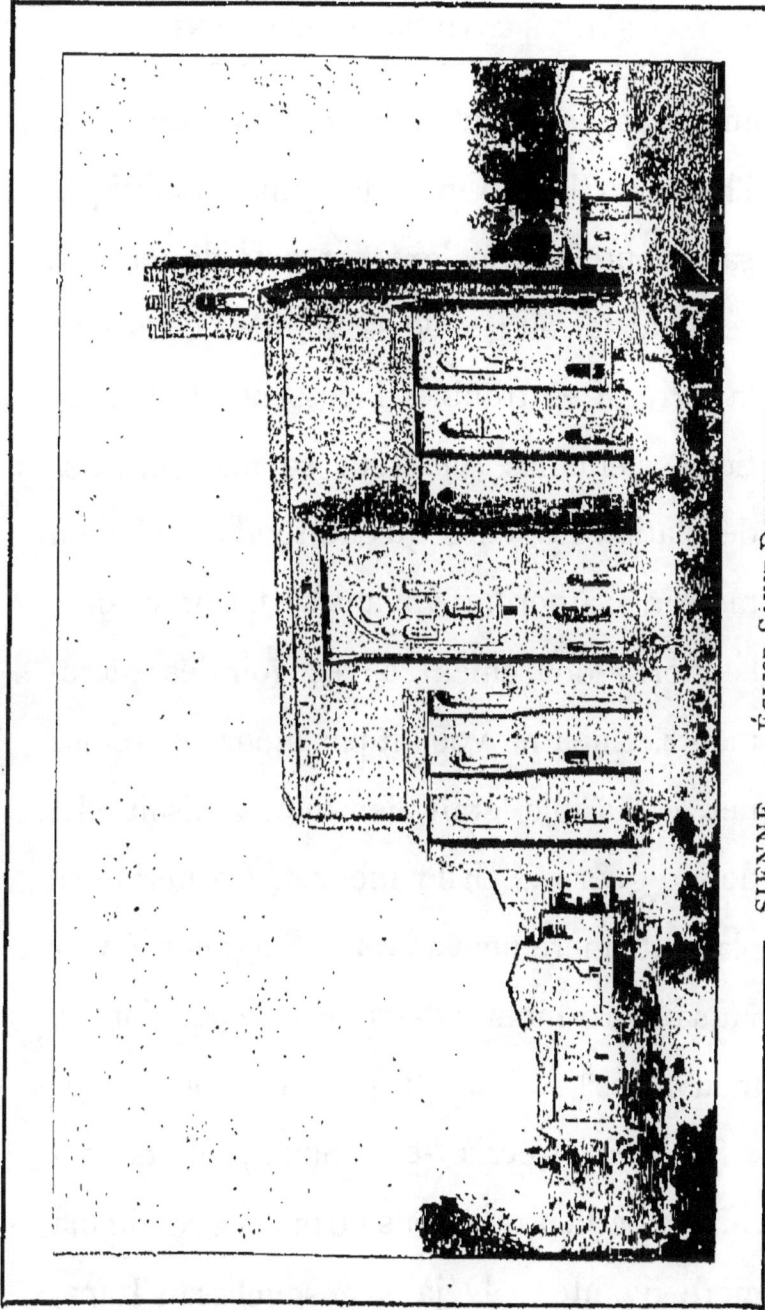

SIENNE. — ÉGLISE SAINT-DOMINIQUE.
D'après une photographie.

même, après la mort de son mari, demanda l'habit du Tiers-Ordre de Saint-Dominique, sans toutefois, malgré cet acte de ferveur, se détacher au gré de sa fille des choses de la terre. Les troubles incessants de la politique siennoise ruinèrent sa maison, et sa désolation fut telle qu'elle tomba malade à mourir. Catherine, voyant sa fin prochaine, l'exhorta doucement à recevoir les sacrements. Lapa ne voulait pas mourir et refusa net. « Ma fille ferait bien mieux, disait-elle, de me guérir. » Elle mourut. Catherine se plaignit amèrement à Notre-Seigneur. Avoir vu sa mère mourir dans des dispositions si mauvaises ! c'était trop pour son cœur. « Seigneur, s'écria-t-elle, non ! je ne quitterai pas ce lieu que vous ne m'ayez rendu ma mère vivante ! » Déjà on ensevelissait Lapa, froide et raidie par la mort, quand soudain, à la prière de Catherine, le cadavre ouvre les yeux... Sa mère était ressuscitée et parfaitement guérie.

Cet apostolat domestique n'était qu'un prélude. Ce sont les essais de l'Esprit Divin qui, doucement, accorde sa lyre, tant il traite les âmes avec respect et les dispose, avec suavité, aux plus grandes entreprises. Jusqu'ici, l'humble servante de DIEU ressemble à Marie-Magdeleine assise aux pieds de JÉSUS, le regardant, l'écoutant et jouissant à loisir, sans distraction du dehors, des enseignements et des consolations du Maître bien-aimé. Son trésor de lumières et de grâces s'accumule de jour en jour, et si elle en communique quelque chose aux âmes, c'est que le vase est trop plein et déborde de lui-même. Les âmes viennent à Catherine, elle ne va pas à elles. Elle a vingt ans et déjà elle a gravi tous les degrés de l'échelle mystique. DIEU à eu pour elle les tendresses les plus délicates ; il a dévoilé à ses yeux les mystères les plus profonds, et ces faveurs inouïes dureront jusqu'au dernier soupir de Catherine. Extases, ravissements, colloques divins, révélations prophétiques, puissance miraculeuse vont se succéder sans interruption et répandre sur cette vie toutes les splendeurs du Ciel. Mais, chose plus étrange, cette humble femme va devenir l'apôtre de DIEU, son ambassadeur sur terre auprès des papes, des rois et des républiques. Elle quittera sa cellule, elle s'en ira par le monde, sans peur, hardie même au besoin, ne reculant jamais, parlant le front haut aux dignitaires de l'Eglise et aux Docteurs les plus savants comme aux chefs d'Etat. Rien ne l'arrête; elle va, car elle est la parole de DIEU qui marche. Cette alliance merveilleuse de la vie mystique la plus élevée et la plus tendre avec la vie apostolique la plus zélée et la plus répandue, donne à la physionomie de sainte Catherine de Sienne son trait caractéristique. Elle n'est pas une sainte *privée*, elle a une mission de la Providence pour l'Eglise universelle.

Un jour, Notre-Seigneur eut avec elle une étrange conversation : « Ma fille, lui dit-il, tu demandais jadis à prendre l'habit de saint Dominique afin d'aller dans de lointains pays évangéliser les hommes ; te plaindras-tu si je te conduis où tu désirais aller ? — Mais, Seigneur, répondit Catherine, je ne suis qu'une pauvre femme ! — Je souffle mon esprit où je veux, répondit le Maître ; va, ne t'inquiète pas des moyens... » Cathe-

rine s'inclina : « Seigneur, que voulez-vous
que je fasse ? » Elle le sut bientôt. Les Dominicains, qui surveillaient les opérations
divines dans l'âme de leur jeune Tertiaire,
devaient, sans les entraver, éprouver la
sincérité de sa vertu. Ils ne lui ménageaient
point les occasions de s'humilier et d'obéir.
Le Prieur défendit un jour à ses religieux
de lui donner la communion. La pauvre
fille s'en allait d'autel en autel, partout le
même refus. Elle se soumit humblement
quoique l'épreuve fût dure. Elle sortait de
l'église, quand tout à coup, ravie en extase,
elle se trouva en face de la Sainte Trinité.
Une main de feu tenait une hostie : « Ma
fille, dit une voix mystérieuse, je veux te
communier au milieu même de l'incom-
préhensible lumière de la Trinité. » La voix
prononça les paroles de la consécration

COMMUNION MIRACULEUSE DE SAINTE CATHERINE
DE SIENNE.

D'après un tableau de Quantin, peintre dijonnais, conservé en
l'église de l'hospice Sainte-Anne à Dijon.

telles que le prêtre les dit à la messe, puis
la main de feu plaça l'hostie sur les lèvres
de Catherine, rayonnante de joie et le corps
soulevé de terre. Elle ne sut jamais com-
ment elle était rentrée dans sa cellule. Re-
venue à elle-même, elle se trouva à genoux
devant son crucifix, mais tellement inondée
de joie, tellement envahie par l'amour de
Dieu, « plus fort que toute force », que son
cœur de chair éclata. Catherine était morte.
On accourut près d'elle. Sa mère, les Tertiaires, les Dominicains, prévenus à la hâte,
entouraient son corps inanimé, gisant sur le
plancher de sa cellule. « La fille de Lapa
est morte, » criait-on dans les rues, et en un
clin d'œil la ville de Sienne se précipita
pour voir et vénérer la sainte. Un frère
convers dominicain, suffoqué par ses san-
glots, se rompt une veine dans la poitrine ;

le sang s'échappait à flot de ses lèvres ; saisissant la main glacée de Catherine, il la pose sur lui, le sang s'arrête, il est guéri. La foule crie au miracle. Le Père *dei Dominici*, confesseur de Catherine, s'approche du cadavre pour prier ; soudain la morte ouvre les yeux et s'écrie : « O ma pauvre âme ! » Tout le monde, effrayé, s'enfuit. Intrigué par cette scène étrange, le confesseur demande à Catherine si vraiment elle était morte ; elle répond d'une voix ferme : « Mon âme a réellement quitté mon corps. » Notre-Seigneur daigna expliquer lui-même le sens profond de cette mort mystérieuse. Apparaissant à Catherine, il lui dit : « Ma fille bien-aimée, je t'ai ressuscitée pour te donner une vie nouvelle. Ma grâce débordant sur ton corps rendra son mode d'existence extraordinaire et opérera de singuliers prodiges... Ton langage sera docte, ton esprit éclairé. Tu voyageras, tu vivras avec la multitude, j'enverrai les uns vers toi, je t'enverrai aux autres. Tu porteras mon nom aux Clercs et aux Pontifes. Tu gouverneras le peuple chrétien, afin que ta faiblesse confonde les orgueilleux. Par toi je sauverai beaucoup d'âmes. Ne crains rien, je suis avec toi. » L'humble fille répondit : « Voici la servante du Seigneur, que sa volonté soit faite ! »

Catherine connaît maintenant sa mission. Comme les apôtres, elle est illuminée par le CHRIST, envoyée par Lui, soutenue par Lui ; ce n'est pas une femme, c'est l'apôtre de DIEU.

IV. — Apostolat dans Sienne.

LA servante de DIEU se mit immédiatement à l'œuvre. Tertiaire dominicaine, elle suivait ses Sœurs dans les prisons, les hôpitaux et les maisons privées où elles exerçaient leur charité. Chaque matin, au lieu de s'oublier aux pieds de Notre-Seigneur, elle visitait les malades. Un jour, en arrivant à l'hospice de la Miséricorde, on lui apprend qu'une maison voisine, habitée par une Tertiaire, s'est écroulée et a enseveli la malheureuse sous ses décombres. Catherine y court et la trouve horriblement meurtrie. Elle touche les contusions, les plaies, les fractures, et la blessée se relève guérie, souriante, disant à haute voix : « La fille de Lapa m'a guérie. »

Pendant l'été de 1374 la peste éclata dans Sienne avec une extrême violence. L'effroi régnait partout. Les malades étaient abandonnés : parents, amis, tous fuyaient, car en deux jours de souffrances affreuses la mort faisait son œuvre. Catherine n'hésita pas. La première partout, elle allait d'hôpital en hôpital, de maison en maison, soignant les malades, exhortant les mourants, ensevelissant les morts. La nuit même n'interrompait pas son travail de dévouement : une lanterne d'une main, un bâton de l'autre, elle parcourait les rues les plus écartées, relevait les corps tombés frappés de l'horrible mal, s'assurait qu'ils ne donnaient plus signe de vie et les ensevelissait. Sa famille fut cruellement éprouvée : neuf tombes se refermèrent sur les siens. Les Dominicains mouraient l'un après l'autre, victimes de leur dévouement, et bientôt Catherine se demanda s'il en resterait un seul pour bénir et ensevelir les derniers morts. Son nouveau confesseur, Raymond de Capoue, à qui le Maître général de l'Ordre avait confié son âme et qu'elle vénérait comme un père, suffisait à peine à absoudre les mourants. Il tomba épuisé de fatigue et frappé de la peste. Il eut la force de se traîner jusqu'à la cellule de sa pénitente. Catherine était sortie. On courut la chercher à la hâte et la sainte, plaçant sa main sur le front du malade comme pour le bénir, fut ravie en extase. Au même instant, il sentit en lui-même une commotion violente, c'était la guérison. « Allez, lui dit-elle, allez travailler au salut des âmes. » Mais un jour Catherine fut atteinte à son tour ; sa joie de mourir était grande. La Sainte Vierge lui apparut et lui dit : « Catherine, ma fille, vois-tu cette multitude d'âmes qui me suit ? Si tu consens à vivre, mon Fils te les donnera toutes, choisis. — La volonté de Dieu est la mienne, » répondit l'héroïque Tertiaire, et, guérie à l'instant, elle reprit sa place d'honneur au chevet des pestiférés !

L'humble fille n'exerçait pas seulement l'apostolat de la charité, ses vertus avaient avaient attiré et groupé autour d'elle des âmes généreuses que la Providence lui amenait de divers côtés : âmes pures ou pénitentes qui la regardaient et l'écoutaient comme une mère. C'étaient quelques Tertiaires dominicaines, des membres de sa famille, de simples artisans et des nobles

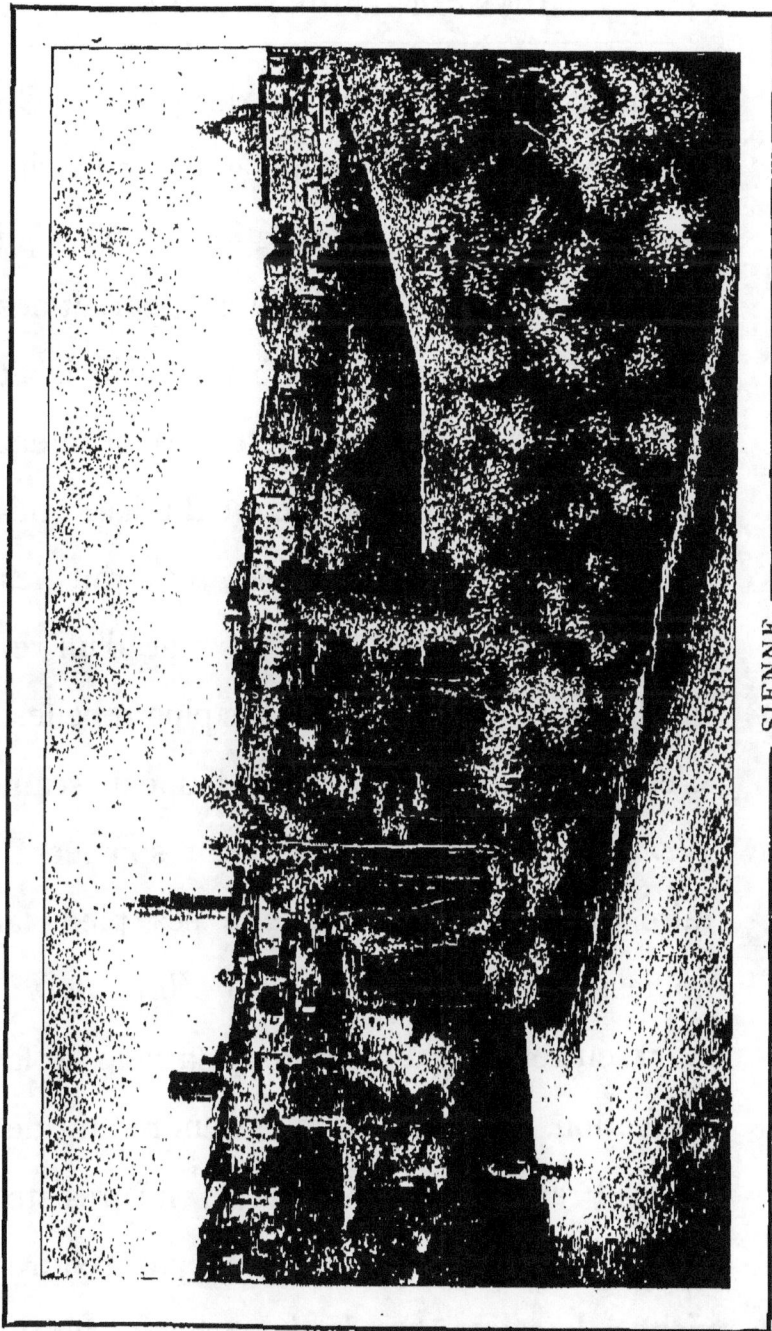

SIENNE.

D'après une photographie.

Siennois, des religieux et des prêtres. On accourait à sa cellule pour y entendre les paroles de vie, et cette petite femme, qui n'avait pas étudié dans les livres, parlait des choses divines comme un docteur. Elle lisait dans le fond des cœurs, mettait doucement la main sur la plaie morale qu'il fallait guérir, encourageait les faibles, éclairait les ignorants, et, au besoin, d'un mot, d'un regard, domptait les volontés les plus rebelles. C'est ainsi qu'elle s'attache un jeune Toscan, *Néri dei Pagliareni*,qui devient son secrétaire. A son tour, il amène à ses pieds la noblesse siennoise : Gabriel *Piccolomini*, *Nigi* entrent hardiment dans la voie de la perfection. Un autre, le plus tendre ami de Néri, François *dei Malavolti*, lui résiste davantage. Il ne voulait même pas rendre visite à la sainte. Sur les instances de Néri,

François se décide : « Après tout, se dit il,
une visite à la fille de Lapa n'engage à
rien, » et il entre dans la cellule de Catherine. Elle lève les yeux et sourit. François,
interdit, s'arrête ; ce regard dominateur le
fascinait, il était vaincu. Catherine lui adressa
quelques paroles, et le jeune homme sortit,
alla droit à l'église et s'y confessa. Ses an-
ciens compagnons de plaisir le raillaient de
se laisser diriger par la fille d'un teinturier.
« Allez la voir ! » répondait-il. Deux des
plus libertins tentèrent l'aventure par pure
plaisanterie et pour rire aux dépens de
Catherine. A peine entrés dans sa cellule,
ils ne purent dire un mot, saisis de respect.
Catherine leur reprocha leur conduite et
leurs mauvais propos à son égard. Emus et
touchés jusqu'au fond de l'âme, ces jeunes
gens se convertirent et prirent place dans

les rangs de ses disciples. Une autre fois, c'est un Siennois mêlé aux affaires du gouvernement. Pierre *Ventura dei Borgognoni*, qui lui est amené, le cœur plein de haine implacable. « Pierre, lui dit Catherine, je prends sur moi tous tes péchés, je ferai pénitence à ta place, mais accorde-moi une grâce, confesse-toi. — Je viens de me confesser dernièrement, répond le Siennois. — Ce n'est pas vrai, dit la Voyante, il y a sept ans que tu ne t'es confessé, » et une à une elle lui énumère toutes les fautes de sa vie. Stupéfait, Pierre s'avoue coupable, se repent de ses fautes et pardonne à ses ennemis. Cette promesse que fait Catherine à Pierre Ventura de prendre ses fautes sur elle et de les expier, n'est point une manière de parler, mais la plus stricte réalité. Pour lui, pour beaucoup de pécheurs vivants et morts, elle s'offre à Dieu comme victime. Dieu la prend au mot et, avec la plus rigoureuse justice, il exige de sa servante l'expiation par la souffrance. Son âme et son corps sont mis sous le pressoir, et on dirait que toutes les créatures sont appelées, comme pour le Sauveur, à venger sur elle l'honneur de Dieu !

V. — L'Épreuve.

UAND Dieu veut éprouver une âme, tout lui est bon ; il tire la souffrance du bien comme du mal. Les actes les plus héroïques deviennent dans ses mains des sources de douleur.

Catherine soignait avec tendresse une malade nommée *Cecca*, atteinte de la lèpre. C'était une femme de mauvaise vie. Loin d'être reconnaissante, elle répandait sur sa bienfaitrice les plus outrageantes calomnies. Si Catherine arrivait en retard dans son taudis, elle se moquait d'elle : « Bonjour, madame la reine de Fontebranda, criait-elle, votre majesté est bien glorieuse parce qu'elle a perdu sa journée à l'église des Prêcheurs. Vous ne serez jamais rassasiée de vos moines. » Elle mourut, mais ses propos malveillants avaient circulé, et fait leur trouée dans certains esprits jaloux des louanges que l'on prodiguait à Catherine. Quelques Tertiaires furent prises au piège et l'une d'elles, *Palmerina*, qui avait donné aux pauvres d'immenses richesses, en vint aux outrages publics. Catherine laissa faire,

attendant l'heure de se venger noblement.
Palmerina fut subitement atteinte d'une
maladie dangereuse ; Catherine offrit ses
services, qui furent grossièrement refusés.
L'humble fille eut pitié de cette âme. Trois
jours et trois nuits, elle batailla contre la
justice divine, suppliant avec larmes, s'of-
frant comme victime pour obtenir miséricorde. Pendant cette lutte avec DIEU,
Palmerina agonisante ne pouvait ni vivre
ni mourir ; il semblait que son âme était
comme suspendue entre le temps et l'éter-
nité ! Tout à coup elle se ranima, reçut
Catherine, et mourut en paix. C'était le
triomphe de l'amour sur la justice. Mais à
quel prix !

La calomnie continuait son œuvre. Une
autre Tertiaire, Andrée *Méi*, récompensait
par de nouveaux outrages le dévouement

de Catherine. Cette femme était dévorée par un cancer. La plaie hideuse répugnait tellement à la servante de DIEU qu'un jour, pour vaincre ce mouvement de la nature, elle la baisa. La malade, bien loin d'être édifiée de cet acte de vertu, l'accusa d'orgueilleuse prétention. La Prieure de la Fraternité prêta l'oreille à ces bruits malveillants et vint interroger Andrée *Méi*. Celle-ci eut le triste courage de porter atteinte à l'honneur virginal de Catherine. On la fit comparaître comme une accusée devant la Fraternité ; on lui posa les questions les plus cruelles, et l'humble fille se contenta de répondre : « Je suis une vierge consacrée à DIEU. » La mère Lapa n'était pas si endurante et voulait la forcer à abandonner cette malade. Catherine s'en garda bien. Cependant, l'attaque était si infamante

qu'elle s'en plaignit doucement à Notre-
Seigneur. Il lui apparut tenant en mains
deux couronnes, l'une d'or, l'autre d'épines :
« Ma fille, dit-il, choisis ! » Catherine sai-
sit à deux mains la couronne sanglante et
s'enfonça les épines dans la tête. Sa patience
et son humilité triomphèrent d'Andrée *Méi*.
Un jour, s'approchant de son lit, elle fut
environnée de lumière, comme resplen-
dissante de gloire : « Pardon ! » s'écria
la coupable. Catherine se jeta à son cou et
leurs larmes se mêlèrent.

Quelques jours après, Catherine, conti-
nuant le pansement du cancer, éprouva une
telle répugnance qu'instinctivement elle recula : « Vive Dieu ! » s'écria-t-elle, et prenant l'eau dont elle s'était servie pour laver
l'horrible plaie, elle la but d'un trait. Jésus
la récompensa de son courage. Il apparut à

sa fille bien aimée, lui fit approcher ses
lèvres de la plaie de son côté et dit : « Bois,
ma douce fille, ton âme sera remplie d'une
joie qui débordera sur le corps que tu as
mortifié. » Longuement la sainte se désal-
téra à la source de vie, et dès lors elle n'eut
plus besoin d'aucune nourriture. Son esto-
mac ne pouvait plus rien supporter. Ce fut
une nouvelle épreuve. Sa mère, ses amis,
ses disciples même la pressaient de manger
pour éviter la singularité : son confesseur
voulut l'y contraindre, mais des tortures
insupportables obligèrent Catherine à cesser.
Elle fut privée de l'Eucharistie. Rien ne
pouvait lui être plus sensible et l'on vit cette
âme, ordinairement si sereine, défaillir dans
l'angoisse et la douleur. Autour d'elle, on
épiait ses actes. Si elle entrait en extase
dans sa cellule, on l'accusait de perdre son

temps ; si la main de Dieu la saisissait à l'église, on lui reprochait de troubler l'office divin. Ses sœurs la forçaient de sortir immédiatement après la messe, en la frappant pour s'assurer qu'elle ne jouait pas la comédie. A ces épreuves du dehors vinrent s'ajouter les souffrances intérieures, ces délaissements surnaturels qui plongent l'âme dans le vide et lui donnent la sensation de l'abîme. Sa foi lui semblait hésitante, sa volonté engourdie, et elle s'accusait de toutes les fautes qu'on lui reprochait injustement, toujours humble, toujours soumise au bon plaisir de Dieu. Catherine obtint enfin, après plusieurs mois de combat, de pouvoir prendre quelque nourriture, et mérita la plus extraordinaire et la plus douce consolation. Jésus lui apparut, lui ouvrit le côté et, prenant son cœur de chair, il l'emporta. Catherine mit la main sur sa poitrine, rien ne battait plus. « Vraiment, dit-elle à son confesseur, je n'ai plus de cœur. » JÉSUS revint : « Ma fille bien-aimée, lui dit-il, j'ai pris ton cœur, je te donne le mien, c'est par lui que tu vivras. » Qui osera expliquer ce changement merveilleux, inouï dans les annales de la sainteté ! DIEU seul connaît le secret de son amour. Catherine se sentit comme animée d'une vie nouvelle. Ce cœur qu'elle portait dans sa poitrine était une flamme dévorante « Mon DIEU, s'écriait-elle, je vous recommande votre cœur ! » Sienne ne suffisait plus à son ardeur apostolique, il lui fallait le monde.

—:⁘:——⫶⫶——:⁘:—

VI. — La Croisade.

LA tourmente que Catherine venait de traverser avait développé son influence, loin de l'amoindrir. Le spectacle de sa vertu, de sa patience, des faveurs singulières dont elle était l'objet de la part de DIEU, des miracles qu'elle semait sur ses pas, attirait la vénération de ses concitoyens. Son nom était célèbre dans toute l'Italie et jusqu'à la cour pontificale d'Avignon. A ce point que Grégoire XI, qui occupait alors le siège de saint Pierre, ayant eu connaissance des nombreuses conversions que Catherine opérait, lui avait accordé la faveur de se faire assister par trois prêtres pour absoudre les pécheurs, même des cas réservés aux Évêques.

A cette époque (1375), la chrétienté se voyait menacée par la puissance croissante des Turcs. Amurat, leur chef, convoitait Constantinople et la Hongrie. C'étaient les premiers pas vers Rome. Au lieu de s'unir contre l'ennemi commun, les princes chrétiens, divisés entre eux, n'avaient aucune résistance à lui opposer. La France et l'Angleterre s'épuisaient dans une lutte sans merci ; en Espagne, les divers royaumes se tenaient sur le pied de guerre ; les républiques italiennes, n'écoutant que de mesquines rivalités, activaient entre elles des haines implacables, et, pour comble de malheur, les Papes, fuyant les périls d'un séjour à Rome afin de jouir en paix de leur pouvoir sous le doux et riant climat de la Provence, avaient perdu l'autorité morale capable de faire cesser ces divisions, et de jeter l'Europe comme

un seul homme sur l'adversaire du nom
chrétien. Grégoire XI, dès 1371, avait
envoyé des bulles à tous les princes chrétiens
pour les inviter à la Croisade ; ses légats
parcouraient les royaumes : tout était inutile.
Catherine se sentit inspirée de DIEU pour
prêcher elle-même la Croisade. Elle s'en
ouvrit à son confesseur Raymond de Capoue, dont l'âme généreuse, quoique timide,
était digne de la comprendre. Il l'approuva.
La Providence se chargea de préparer la
voie.

Le *seigneur* de la république de Pise,
Pierre *Gambacorti*, désireux de procurer à
sa patrie la visite de la sainte siennoise, la
pria de se rendre à Pise. Par ses relations
avec l'Orient, la république de Pise parut à
Catherine être appelée à jouer un rôle glo-
rieux dans la Croisade. Elle accepta l'invi-

tation. Raymond de Capoue, le Père *dei Dominici*, Dominicains tous deux, le Père Jean *Tantucci*, Augustin, ses amis et ses disciples l'accompagnèrent. Son entrée à Pise fut un triomphe. L'archevêque, le clergé, les premiers citoyens vinrent à sa rencontre. La foule encombrait les rues, s'inclinait sur son passage et demandait sa bénédiction. A pied, simple d'allure, Catherine, absorbée par la pensée de la gloire de Dieu, ne songeait nullement à la sienne. Les âmes venaient à elle, elle les recevait de la main de Dieu. Un signe éclatant vint marquer le début de sa prédication et consacrer officiellement sa mission rédemptrice. Le quatrième dimanche de Carême, Catherine, assistant à la messe dans la petite église de Sainte-Christine, fut soudain ravie en extase devant une image de Jésus en

SAINTE CATHERINE DE SIENNE.

D'après un tableau de Lorenzo Vecchutto, Palais de la seigneurie de Sienne, aujourd'hui Hôtel-de-Ville.

croix. La foule se pressait autour d'elle, haletante d'émotion, et la contemplait en silence. Tout à coup, on la vit se redresser, s'agenouiller et étendre les bras, le visage rayonnant de splendeur, puis s'affaisser sur les dalles, comme frappée d'une mortelle blessure. Elle reprit ses sens, et au Père Raymond accouru près d'elle, elle dit à voix basse : « Par la miséricorde de Jésus-Christ, je porte ses stigmates. Le Seigneur m'est apparu ; de ses plaies sacrées, cinq rayons sanglants se dirigèrent sur mes membres. J'ai demandé à mon Maître de rendre les cicatrices invisibles, il m'a exaucé, et avant de pénétrer mes mains, mes pieds et mon côté, les rayons sanglants sont devenus lumineux. Si Dieu ne me guérit, je mourrai, car une douleur intense me déchire. » Pendant plusieurs jours, Catherine resta agonisante. Ses disciples l'entouraient en larmes, la suppliant de ne pas mourir. Le soir du samedi suivant, elle leur dit : « Consolez-vous, vous serez contents, le Seigneur vous exauce ! » Le lendemain, une longue extase suivit sa communion, puis elle s'endormit profondément. C'était la guérison. Les cicatrices sacrées, selon son humble prière, restaient invisibles, mais elle était marquée sur sa chair du sceau du Rédempteur : *croisée* d'une façon divine, elle pouvait hardiment prêcher aux autres la Croisade contre les Turcs.

Autour d'elle sa parole enflammée excitait l'enthousiasme, mais la république de Pise ne pouvait à elle seule entreprendre une pareille expédition. Catherine s'adresse à tous les Princes chrétiens. Elle commence ce commerce de lettres avec les Papes, les

Cardinaux, les Rois, les Princes, les amis
dont elle est éloignée, lettres où l'on ne sait
qu'admirer le plus, de sa connaissance pré-
cise de l'état de l'Eglise, de son zèle énergique, de sa charité ardente, de la profon-
deur de sa doctrine spirituelle ou de son
génie littéraire, qui fait de cette femme sans
instruction, ne sachant lire et écrire que par
miracle, un des premiers maîtres de la
langue italienne. « Levez l'étendard sacré,
disait-elle, unissez votre volonté à la puissance du Souverain-Pontife, afin que les
guerres fratricides des chrétiens se tournent
contre les infidèles. Payez de votre vie la
Terre-Sainte, l'honneur, la gloire de l'Église,
la participation des infidèles au sang divin ;
mais préparez-vous à la Croisade comme à
la mort par une confession générale. Sachez
vous vaincre vous-mêmes, autrement vous

EXTASE DE SAINTE CATHERINE DE SIENNE

APRÈS AVOIR REÇU LES STIGMATES.

D'après un tableau de Sodoma, église St-Dominique à Sienne.

ne vaincrez point. » La sainte fille écrivait ainsi à tous, prêtres et laïcs, et résumait sa pensée par ce cri jeté aux chevaliers de Rhodes placés à l'avant-garde de la chrétienté : « L'amour de DIEU, voilà l'arme la plus forte ! »

Pour Catherine, la Croisade avait un double but : sauver le tombeau du CHRIST et mettre la paix en Europe en jetant sur l'Orient les armées qui ne servaient qu'à satisfaire les haines et les ambitions des Princes. C'était une pensée de génie politique. Elle écrit à Jeanne I, reine de Naples, à Elisabeth de Pologne, veuve du dernier roi de Hongrie ; elle écrit à Marian IV, juge de Sardaigne, à la république de Gênes, même à Barnabé Visconti, seigneur de Milan, alors en pleine révolte contre l'Eglise, lui reprochant ses crimes et lui

montrant le pardon au prix de la Croisade ;
elle écrit à un chef célèbre de *Condottieri*,
bandes mercenaires qui se livraient tantôt
à un Prince, tantôt à un autre, combattant
sous tous les drapeaux, soutenant toutes les
causes, et, entre deux batailles, exerçant
partout le plus affreux brigandage. Ses lettres sont honorablement reçues ; on entre
en pourparlers, on manifeste des velléités
d'armement, et finalement les haines et
les intérêts privés font échouer l'entreprise. Le monde n'était pas digne d'être
sauvé par les prières et les larmes de
Catherine.

LA situation de l'Eglise en Italie était déplorable. Les Papes, résidant à Avignon, gouvernaient leurs Etats par des légats, dont la gestion mécontentait les peuples. La seigneurie de Florence profita du mouvement de rébellion qui s'éveillait autour d'elle, pour organiser contre le Saint-Siège, accusé de vouloir opprimer la Toscane, la fameuse *Ligue des Villes*. Ses messagers allaient de ville en ville solliciter des adhésions. Grégoire s'émut de cette coalition qui ne tendait à rien moins, sous prétexte de se mettre sur la défensive, qu'à e dépouiller de ses Etats. Catherine de

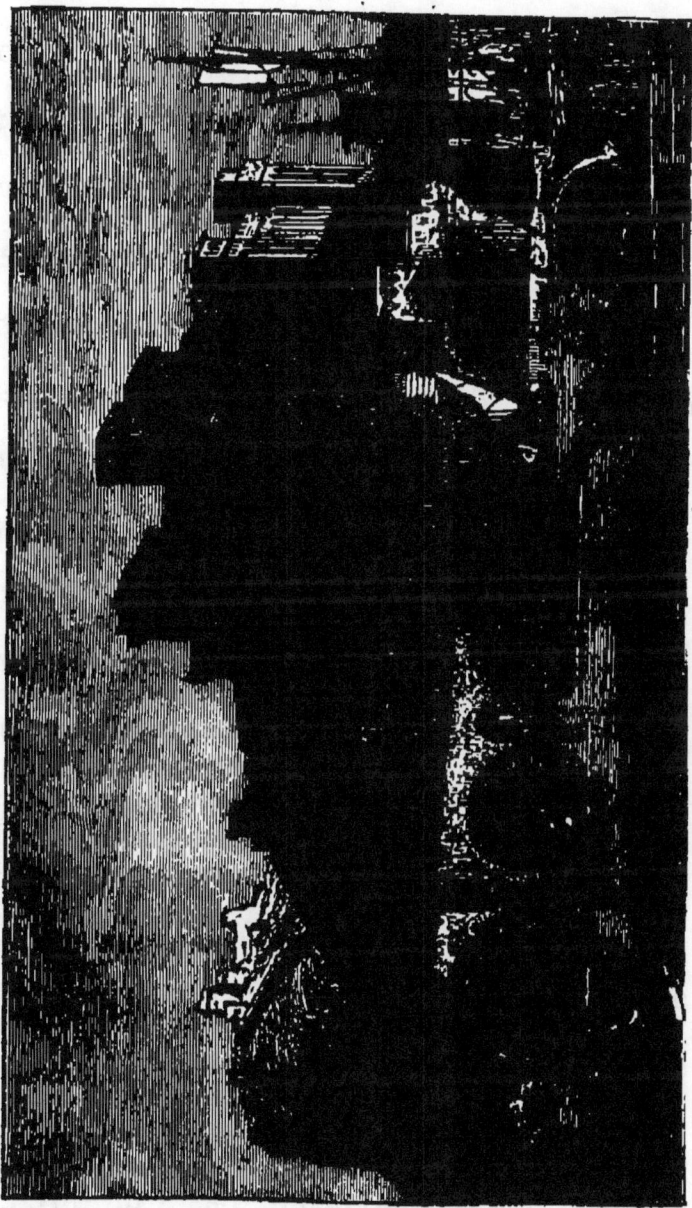

AVIGNON. — LE CHATEAU DES PAPES

Sienne fut chargée par le Pontife de s'opposer à cette ligue révolutionnaire. Elle eut
ordre de se rendre à Lucques, puis de nouveau à Pise, pour empêcher ces républiques
de s'unir aux Florentins. Elle obéit à l'instant, sans s'étonner d'une pareille commis-
sion. Elle allait au nom du CHRIST, c'était
tout. A Lucques, à Pise, elle réussit à
maintenir les seigneurs dans la paix avec
l'Eglise. Mais elle profita de son succès et
de ses rapports officiels avec le Pape pour
lui parler en toute sincérité. Rarement les
grands de ce monde entendent la vérité,
tant les membres de leur cour sont attentifs
à la dissimuler si elle leur est nuisible. Grégoire XI l'apprit tout entière de la bouche
de Catherine, qui, protestant de son respect
et de sa bassesse, n'hésita pas à lui dire ce
que DIEU exigeait de lui. Elle lui écrivit

une lettre admirable : « Si jusqu'ici vous
n'avez pas été ferme, en vérité, je le veux
et je vous en prie, agissez virilement...,
donnez vos soins aux affaires spirituelles,
mettez de bons pasteurs dans les villes...
Revenez ! ne tardez plus... » Revenez ! c'est
la parole qui se trouve à chaque page sous
la plume de Catherine. Revenez ! car le
retour du Pape à Rome sera le salut de
l'Eglise.

Pendant que les lettres de Catherine,
accueillies avec respect à Avignon, conso-
laient et fortifiaient Grégoire XI dans ses
bonnes intentions, Florence commençait sa
révolte contre le Saint-Siège par les plus
odieux attentats. Les envoyés du Pape
furent massacrés, le Nonce écorché vif. C'en
était trop. Grégoire excommunia les Florentins. Or, à cette époque, l'excommunica-

tion avait les effets les plus terribles. Il devenait licite au premier venu de s'emparer des richessses, des territoires et des personnes de l'Etat excommunié. Florence eut peur pour son commerce et sa liberté, et, sans vouloir demander sincèrement pardon, elle essaya de gagner du temps en entrant en pourparlers avec le Pontife. C'est à Catherine de Sienne que l'astucieuse seigneurie s'adresse. Elle lui écrit pour lui demander d'envoyer au Pape son confesseur, avec une lettre de sa main, puis de venir elle-même à Florence. A cette demande, Catherine n'éprouve ni surprise ni hésitation. Sur-le-champ elle envoie le Père Raymond et quelques disciples à Grégoire XI. Ils étaient porteurs d'une lettre : « Vous qui gouvernez l'Eglise, écrivait-elle, sachez que votre puissance doit se manifester de trois manières : Réformez le clergé, en chassant des temples ceux qui vivent dans l'excès des jouissances... Levez l'étendard de la Sainte Croix... *Revenez à Rome*, où l'Esprit-Saint vous appelle ! Ne soyez donc plus, très doux Père, un *trembleur*, mais un *homme*. Moi, je ne puis plus attendre ; vivante, je meurs. » Et au Père Raymond, l'excitant à la fermeté, elle écrivait : « Dites au CHRIST de la terre, (le Pape,) qu'il ne faut plus attendre. Alors, comme le doux vieillard Siméon, je chanterai mon *Nunc dimittis !* » « Oh ! s'il faut des martyrs, s'écriait-elle, me voici, que mon sang se répande sur la sainte Eglise ! » Ses envoyés étant en route vers la Provence, Catherine se rendit à Florence. Elle entra dans la ville avec son cortège de disciples, et sans s'arrêter nulle part, elle alla droit au

Palais de la seigneurie. Ils y étaient tous réunis : le Prieur des Arts, les Gonfaloniers, les Huit de la Guerre, tous ces hommes de gouvernement, haineux les uns contre les autres, ne s'accordant que sur un point : la lutte contre le Saint-Siège. Catherine, pâle de visage, exténuée par ses mortifications, mais calme et majestueuse dans sa simplicité, parla d'une voix vibrante. C'était la voix du Juge souverain flétrissant les crimes de Florènce, indiquant le devoir, promettant le pardon. Tous écoutaient dans la stupeur. Le Légat qui aurait tenu pareil langage ne serait pas sorti vivant du Palais, mais cette femme parlait avec une autorité tellement surnaturelle qu'elle pouvait tout dire. Quand elle eut fini, Catherine se retira, laissant la seigneurie à ses réflexions. Les uns, sincèrement émus et repentants, les

autres, par calcul et fourberie, se réunirent
dans une même pensée : envoyer Catherine
en ambassade à Grégoire XI. Les convertis
voulaient implorer le pardon, les fourbes
gagner du temps : tous étaient guidés par
l'esprit de Dieu qui dirigeait Catherine vers
le Pape pour remplir une mission autrement
importante que celle dont la chargeaient les
Florentins. Elle accepta : « Messeigneurs,
leur dit-elle, si vous voulez vous soumettre
comme des morts au Pape, j'irai plaider
votre cause, sinon je ne m'en chargerai
point. » Les Florentins, qu'une parole
d'honneur n'embarrassait jamais, promirent
tout ce qu'elle voulut, et l'Ambassadrice
quitta Florence aux acclamations populaires.

VIII. — Retour du Pape à Rome.

LE 18 juin 1376, vers le soir, Catherine arrivait à Avignon. Elle avait 29 ans. Une foule considérable se porta à sa rencontre, car la renommée de sa vertu l'y avait précédée, et la solennelle mission qui lui était confiée, malgré son sexe et son âge, par l'altière république de Florence, la désignait à tous les regards. C'était une multitude cosmopolite attirée par la présence du Pape : Cardinaux, Evêques, Prélats, religieux, fonctionnaires, soldats et étudiants de tous pays. Et de voir cette femme, jeune encore, au visage émacié, mais comme illuminé d'un reflet surnaturel, traverser les

rues humblement, sans embarras comme
sans ostentation, pour se rendre au Palais
pontifical, était chose nouvelle et touchante.
Grégoire reçut l'ambassadrice en plein con-
sistoire, au milieu des Cardinaux et des
Prélats de sa Cour. Catherine se jeta à ses
pieds. Le Pontife, l'accueillant avec une
douceur paternelle, la releva après l'avoir
bénie. Debout devant le Pape, son regard
fit le tour de l'assemblée, simple mais sans
peur, quoiqu'elle vît tous les fronts assom-
bris et les lèvres dédaigneuses. Pour les
Cardinaux français, qui ne voulaient à aucun
prix aller à Rome, Catherine était une en-
nemie. Elle parla, demanda la paix pour les
Florentins. Grégoire, convaincu de leur
duplicité, l'écouta longuement, et quand elle
eut fini, lui dit : « Afin de vous prouver que
je veux la paix, je remets la négociation

entre vos mains, seulement ayez soin de l'honneur de l'Eglise. » D'ambassadrice, Catherine devenait arbitre : le Pape lui confiait sa propre cause. Grégoire eut avec elle des entretiens intimes où la sainte lui dit la vérité toute nue sur la mollesse de sa politique, le mauvais choix de ses Légats, la conduite licencieuse de sa Cour. Cette vérité, le Pontife était capable de l'entendre, car il avait le désir sincère du bien et de l'honneur de l'Eglise. Catherine le savait. Tout fut mis en œuvre par les Cardinaux et les gens de leur parti pour la discréditer auprès du Pape, mais sans succès. On l'interrogea perfidement sur sa doctrine, sur des passages obscurs de l'Ecriture, sur ses extases ; elle eut réponse à tout, et réponse tellement victorieuse, que les plus hostiles de ses détracteurs étaient confondus. Comme

SAINTE CATHERINE DE SIENNE.

D'après un tableau de Fra Bartolommeo. (Galerie antique et

moderne à Florence.)

Grégoire XI l'avait prévu, les Florentins
ne voulurent accepter aucune des conditions
de paix proposées par leur sainte ambassadrice, qu'ils eurent même l'audace de renier
et de désavouer. C'était un échec. Mais
qu'importait à Catherine la vaine gloire de
ce monde ? Elle avait échoué comme ambassadrice des Florentins, elle espérait
réussir comme ambassadrice de DIEU. Ce
qu'elle voulait surtout, ce pourquoi elle
aurait versé son sang, c'était le retour du
Pape à Rome. Elle pressait, elle suppliait
le Pontife ; mais, autour de lui, les Cardinaux et tous les intéressés à la présence de
la Cour pontificale à Avignon, faisaient à la
sainte une terrible opposition. Catherine
tenait tête à l'orage : « Les démons incar-
nés, les conseillers pervers vous disent : On
vous tuera ! moi, je vous dis de la part du

Christ crucifié : Ne craignez rien. » Si le Pape retourne à Rome, disait-on partout, les Romains l'assassineront. Et Grégoire, d'un caractère irrésolu, tremblait et reculait toujours. A bout de conseils et de prières, la sainte fille demanda congé. Il en fut atterré ; tourmenté dans sa conscience, il lui dit enfin : « Je ne vous demande plus des avis, je vous demande de me faire connaître la volonté de Dieu. » Catherine, baissant la tête, répondit doucement . « La volonté de Dieu ! qui la connaît mieux que Votre Sainteté, qui s'est engagée par un vœu à retourner à Rome ! » Or, Grégoire, en acceptant le Pontificat, avait fait, dans le plus grand secret, le serment de retourner à Rome. Dieu seul savait ce secret, c'est lui qui parlait par la bouche de Catherine. Il n'hésita plus. La date du départ fut fixée,

GRÉGOIRE XI.

D'après une estampe de la *Vie des Pontifes*, gravée par

J.-B. de Cavallieri, XVIIᵉ siècle.

et le même jour, le 13 septembre 1376, à la même heure, Grégoire et Catherine quittaient Avignon. Grégoire, escorté de toute sa Cour, gagna Marseille, et Catherine, en plus modeste équipage, son bâton à la main et sa besace sur l'épaule, joignit Toulon. Son confesseur, Raymond de Capoue, et ses disciples l'accompagnaient. Le Pontife et la sainte se rencontrèrent à Gênes, et pendant que Grégoire faisait à Rome son entrée solennelle, tous les regards cherchaient vainement la grande héroïne qui l'y avait ramené. La sainte s'était dérobée et priait à Sienne dans son humble cellule. Son œuvre était faite, sa mission providentielle remplie : la Jeanne d'Arc de la Papauté n'avait plus qu'à mourir.

CATHERINE devait encore passer trois années sur cette terre : ce furent trois années de martyre. Déjà elle avait bien souffert dans son âme et dans son corps, mais quand Notre-Seigneur élève une créature à un tel degré d'intimité avec lui, il la fait participer en proportion au calice de ses douleurs. Catherine avait gravi à sa suite la Voie douloureuse, l'immolation était proche. Les Florentins, ces perfides et hypocrites ennemis de l'Église, furent pour elle l'occasion de nouveaux labeurs et de nouvelles angoisses. Envoyée par Grégoire à la seigneurie pour essayer un accommodement, elle ne recula pas devant l'entreprise. A

Florence, elle avait des amis, toute une famille de disciples qu'elle soutenait à distance
par ses lettres ; mais la masse lui était con-
traire. Un jour même, pendant une émeute
elle faillit périr. Réfugiée avec ses compa-
gnes dans un jardin, elle attendait la mort.
Des hommes armés s'y précipitent : « Catherine, où est Catherine de Sienne ? » hur-
lent-ils. Catherine se présente : « Au nom
du Tout-Puissant, dit-elle, je vous ordonne
de ne toucher à aucun des miens. » Puis,
elle tombe à genoux devant un de ces
furieux qui brandissait une épée : « C'est
moi, dit-elle, qui suis Catherine, faites ce
que Dieu vous permet. » L'assasin recule :
« Retirez-vous ! » murmure-t-il. — « Pourquoi fuir ? reprend la sainte, je veux souf-
frir pour Dieu et pour l'Eglise ; j'ai trouvé
ce que je cherchais, agissez sans crainte. »

Et devant cette douce victime les émeutiers, comme terrifiés, s'enfuient. Catherine est sauvée. « Seigneur, dit-elle en se plaignant à son Maître bien-aimé, Vous m'avez grandement raillée! » Tant de vertu et d'héroïsme méritèrent à Catherine le succès de sa mission : Florence revint au Pape et implora son pardon.

Ce n'est point à Grégoire XI que l'ambassadrice en envoie la bonne nouvelle, ce Pontife était mort, mais à son successeur, Urbain VI. Avec Urbain, l'Eglise entre dans une ère de calamités qu'elle n'avait jamais connue : le grand schisme d'Occident commence. Après la mort de Grégoire, les Romains, entourant le conclave, demandèrent à grands cris un Pape italien, de crainte qu'un Français ne retournât à Avignon. Les Cardinaux, « qui aimaient mieux

mourir *confesseurs* que *martyrs*, » saisis de
terreur, élurent Barthélemy Prignano, qui
prit le nom d'Urbain VI. Catherine fut la
première à se réjouir de ce choix. Quelques
mois après, plusieurs Cardinaux, réunis à
Anagni, protestèrent contre l'élection d'Urbain, arrachée par la violence, disaient-ils,
et proclamèrent Pape Robert de Genève
sous le nom de Clément V. Le schisme
était consommé. Catherine fut consternée,
et son premier mouvement fut de s'offrir à
Dieu comme victime expiatoire. « Je voudrais verser mon sang, écrit elle à Urbain
VI, je voudrais donner ma vie. » Intrépide
cependant jusqu'à la dernière heure, la
sainte, sur un appel du Pontife, se rend à
Rome. C'est la première fois qu'elle entre
dans la Ville Éternelle, elle n'en sortira
plus. Elle voit Urbain, parle devant les

URBAIN VI.

D'après une estampe de la *Vie des Pontifes*, gravée par

J.-B. de Cavallieri, XVIIᵉ siècle.

Cardinaux, traçant à chacun sa ligne de conduite avec une telle clairvoyance, avec une telle autorité, que le Pontife se lève et dit : « Voyez, mes frères, notre pusillanimité : une faible femme nous confond ! » Catherine écrit lettre sur lettre aux Cardinaux schismatiques, aux Princes chrétiens, affirmant à tous qu'Urbain VI est le vrai Pape. Elle envoie au roi de France le Père Raymond, l'encourage à lutter jusqu'à la mort, quoique ce départ lui déchire le cœur. La Voyante sait que c'est le dernier adieu. Elle accompagne son confesseur, devenu depuis longtemps son disciple le plus bien-aimé, jusqu'à Ostie, et là, sur le bord de la mer, elle le bénit : « Vous ne reverrez plus votre Mère ! » lui dit-elle, et elle rentre à Rome.

Ses disciples, ses amies, sa mère, la vieille

Lapa, l'avaient suivie, et tous ensemble ils formaient une communauté de saints, réunis dans une maison près de l'église de la Minerve, desservie par les Dominicains. C'est là, entourée des siens, près du tombeau de saint Pierre, que Catherine va mourir. Elle a offert sa vie pour le salut de l'Eglise, Dieu la prend au mot. Son corps, déjà exténué, fut dévoré par la fièvre ; son âme, livrée à toutes les angoisses. Ses enfants l'entouraient en pleurant : « Aimez-vous les uns les autres, disait-elle, votre amour sera ma gloire. » Le dimanche 29 avril 1380, dans le silence de la nuit, elle reçut le Saint Viatique et l'Extrême-Onction. Une lutte terrible s'engagea entre elle et le démon. Catherine priait, elle pleurait, elle écoutait, le visage plein de mépris ou d'indignation ; tout à coup, comme répon-

dant à une accusation, elle s'écrie : « Non !
jamais la vaine gloire, mais la vraie gloire
et l'honneur de DIEU ! » L'ennemi était
vaincu. Alors, devant tous les siens éplorés,
elle s'accuse de toutes les fautes de sa vie.
Voyant sa vieille mère en larmes près de
son lit : « Ma mère, dit-elle, bénissez-moi ! »
Puis, les yeux à demi fermés, Catherine
leva sa main pour bénir une dernière fois
ses disciples et traça sur leurs fronts incli-
nés le signe de la croix. Le Père Raymond
eut sa suprême pensée : « Dites-lui qu'il ne
faiblisse jamais, je serai avec lui dans tous
les périls ! » Soudain ses yeux s'ouvrirent
joyeux, il était midi ; les cloches de la
Minerve sonnaient l'*Ave Maria*, elle s'écria :
« Seigneur, vous m'appelez, je viens à vous,
non par mes mérites, mais grâce au Sang
de votre divin Fils. O Sang ! Mon Père, je

remets en vos mains mon âme et mon esprit ! » et Catherine expira.

Canonisée solennellement par son com-patriote Pie II, elle repose maintenant sous le maître-autel de la Minerve. Dès avant sa canonisation, le Père Raymond, à la demande des Siennois, leur avait envoyé la tête de la sainte, et l'on put voir derrière le dais qui ombrageait cette insigne relique, au milieu d'une foule innombrable, une vieille femme, cassée par l'âge, rayonnante de joie : c'était Lapa qui suivait le cortège triomphal de sa fille.

Catherine, qui avait vécu et était morte pour l'Eglise et le Pape, a été déclarée par Pie IX Patronne de la ville de Rome.

CANONISATION DE SAINTE CATHERINE DE SIENNE PAR LE PAPE PIE II.
(D'après un tableau du Pinturicchio, cathédrale de Sienne.)

Table des Matières.

Table des Gravures.